www.tredition.de

AF202327

trauer liebe sinn

gedichte

www.tredition.de

© 2012 Melanie Gorspott / tredition GmbH

Umschlaggestaltung: Melanie Gorspott
Lektorat: Thomas Langer

Verlag: tredition GmbH, Mittelweg 177,
20148 Hamburg
ISBN: 978-3-8472-7421-6
Printed in Germany

mit herzlichem dank an

matthias kühn

genug der worte

ein leben zerronnen
denn verbrannt
sind die flügel der motte
die sich zu nah an das licht wagte
ausgelöscht

und jetzt

stumme schreie
bohren sich in meinen müden kopf
unaufhaltsam kommen sie näher
dieser wunderbare schmerz
der trauer
der mich taumeln lässt

seid still

es ist das gewissen
das euch
zu netten heucheleien treibt
ihr macht mich wahnsinnig

versteht ihr nicht zu lieben

flucht

keuchend die zeit abgegrast
verweil ich in schweigen
meine augen starren irritiert
scheinen alles fesseln zu wollen
was unheilvoll
in sie einzudringen versucht

vermoderte fetzen der vergangenheit
schleppen sich träge durch mein hirn
im abseits meiner gedanken
folge ich der spur
den boden nährend durch die flut
unsichtbarer tränen

geier über mir
ziehen drohend ihre kreise
ich kann ihre gedanken riechen
sie lassen mein blut gefrieren
und so mache ich mich bereit

gepeinigter geist
löse dich auf
die scham
die ich angesichts deiner empfinde
sei mein dank an dich

zerschundene knie in toter erde
lache ich dem dunkel entgegen
das unaufhaltsam mich umgibt
und wahnsinn lässt taube luft um mich

verbrennen

tod

du bist immer da
wohin ich meinen fuß auch setz
wem immer ich meine hand entgegen streck
und egal wem ich winke zum abschied
du bist da

du bist mein schicksal
bist überall
um mich herum
schleichst dich in meine gedanken
nimmst dir einfach
nimmst mir weg

du lehrst mich
weist mir den weg
gibst mir rat
bist warnung und versuchung
herausforderung und niederlage
bist immer gleich
und doch verschieden

du bist ein segen
und fluch noch mehr
ich will dich nicht
und brauch dich doch

um zu leben

laute menschen

reden gern und viel
hören nicht auf
haben angst
und laufen davon
mit worten
vor sich selbst

kennen weder dich
noch mich
wissen nicht sich
erahnen nicht
den klang des
ungesagten

gefühl ist groß und weit
ganz ungedacht
der stille harrend
in dir
in mir
und dazwischen

geheimnis

du
ein wesen
voller kleiner wunder
so still
doch deine augen sind erfüllt
von leidenschaft

dein blick versucht
den meinen zu fangen
doch ich weiche ihm aus
will nicht verraten
mein begehren

es darf nicht sein
und muss doch geschehen
hin und her gerissen
an der grenze zwischen
vernunft und fantasie

träum ich von deinen lippen
deinen händen
und immer wieder
suche ich das geheimnis
zwischen uns

so seltsam
sind die wege des verlangens
so verzaubernd das feuer

das zu nähren ich suche
in deiner nähe

es ist der traum zweier seelen
die den frieden ersehnend
sich verirren

mögen wir nie erwachen

leiden schaft

dieses nicht
auszulöschende verlangen
dieser hunger in mir

lass mich erschauern
und zitternd mich winden
unter der macht deiner augen

ich will alle grenzen leugnen
und den süßen schmerz
der leidenschaft
brennend an dich verschwenden

lass die furcht in mir verenden
und ich will frei sein
in gewissheit um das band
das dich und mich verbindet

zeig mir die sonne
lass mich ein
in das reich deiner seele
und ich werde für dich weinen

danach

schmeckt der morgen so fad
und es riecht nach kaltem schweiß
nur dein mund der riecht nach mir
ein kuss bevor das tageslicht
die nacht verwischt

danach

fühlt der tag sich so filzig an
mein blick ist fern und ich mit ihm
heimlich erinnert sich mein schoß
schenkt mir ein leises kribbeln
ein windspiel hinter geschlossenen lidern

danach

will der abend nicht enden
ein wildes herz das rebelliert
und doch alsbald zusammenbricht
erinnerung mit tränen schickt
so ist es oft

danach

reflexion

wohldosiert
gebe ich mich frei
trage mich hinaus
und lasse mich ziehen

mit bedacht
lade ich die welt ein
und lasse sie sanft
die entlegenen winkel
meiner seele erkunden

ich umarme das leben
und lass es sich spiegeln
in den facetten
meiner selbst

abendnacht

wirr und wach
die nacht verbracht
nachgedacht
den mond bewacht

geträumt

aufgewacht
an dich gedacht
leise gelacht
mich sanft und sacht

berührt

ans werk gemacht
gedankenschlacht
ausgelacht
feuer entfacht

gelöscht

tag geschafft
frei gemacht
sehnsucht nach
abendnacht

mit dir

verliebt

gib mir raum
und bleib darin
lass uns gemeinsam tanzen
und treffen in der ferne
aufs neue

fessel mich und gib mich frei
fang mich ein
und lass uns verschmelzen
um in milliarden teilchen
zu zerspringen

regne dich auf meine haut
und steige auf
ins weite blau
um dich erneut
auf mich zu ergießen

in liebe

was zählt

ist die begegnung
hier und jetzt
jeder augenblick
der dich einschließt
in mein leben
für den moment
und den nächsten
und den nächsten
und so weiter

nichts anderes
hat mehr bedeutung
ist es wert
gedacht
erlebt
gefühlt
zu werden
nur die begegnung
hier und jetzt

nah

ist die sonne
auf meiner haut
die deinen duft trägt
der erinnerungen weckt
an stunden zuvor

nah
sind die menschen
die gegangen sind
deren bild ich in mir trage
und die ich umarme
in gedanken

nah
ist alles ferne
das mein herz ersehnt
das unbekannte
und verborgene
in den dingen

nah
ist der glanz der sterne
und die träume
die sich nachts
dazwischen verirren

nah
sind zukunft und vergangenheit
die jeden moment umhüllen
aufgefädelt wie perlen
auf eine kette aus zeit

nah
bist du
wenn du nicht bei mir bist
und mein sehnen
durch raum und zeit
dich sanft liebkost

in ehrfurcht

fremd und doch vertraut
wie die sonne
scheint etwas in mein leben

ich
du
wo ist da der unterschied
verbindende distanz

offene türen
rennen wir ein
und lachen darüber

spielen frei wie kinder
mit den dingen

leben das hier und das jetzt
schauen uns an
und treten zurück

in ehrfurcht

und was ist mit

mir
und der liebe die fehlt
und den menschen
vor denen ich mich fürchte

und dem alleingang
meiner wege in die zukunft
voller weißer leinwand
mit dem pinsel in der hand
und großen augen

und dem schmutz
im innen und außen und überall
in der welt voller gefahren und terror
und spaß und gewalt

ohne kind im bauch
als glied in der reihe derer
die mich zeugten für ein leben
im reißenden strom
aus emotionen und action

und der abkehr vom alten
vom wert und vom glauben
stets vorwärts gewandt
im trend der zeit

ohne reue und gewissen und scham
für all den verfall
der kulturen in der welt
und der schätze des lebens

die ich nicht mehr spüre
als wahrheit im innern
zum nähren der brachen seelenlande
in liebe zu
mir

erschöpfung

in öder begierde
der täglichen hatz
im strudel aus eile
umgeben von augen
voll der leere
voll des schmerzes
und der schatten
vertrockneter gefühle
ersticke ich fast
an meinem atem
bis das herz mir
trommelt gegen die brust
voll der enge
voll der klagen
halte ich aus
und taumel dahin
ohne halt und wert
getrieben vom strom
konsumierender massen
voll der ignoranz
voll der verachtung
für den schwachen moment
und die stille und liebe
und einkehr
in mich in dich in uns
und das leben
das leben
das

sinn

gedanken gefühle
schranken durchbrechend
durchstreifen glasklaren raum

doch kehren sie zurück
in die grenzen meiner selbst
als hätten sie angst vor dem
was sie finden könnten

der sinn
so schwer und drückend
lässt sich nieder
auf meinen schultern
und ich schleppe ihn träge
durch mein leben

nicht ahnend
dass er eins ist mit mir
suche ich ihn
bis zum tode

wenn er von mir lassen wird
und lacht darüber
dass ich ihn nicht erkannte

wahrhaftig

manchmal muss man
will man
kann man
sich befreien
von ängsten
von glaubenssätzen
von sich selbst

um sich zu häuten
sich herauszuwinden
und hervorzutreten
im glanz der erkenntnis
des gewachsenen
des erstarkten

im kraftwerk der seele
wo das feuer nie ausgeht
und die glut
immer wieder neu
entfacht wird

wo alle gegensätze
sich vereinen
und plötzlich
verborgene botschaften
im hellen licht
der flammen
als schatten

an der wand
verschwimmen

vage
ungreifbar
wahrhaftig

ein hauch von frieden

siehst du den schnee
der sanft vom himmel schwebt
so leise
als wär es ein geheimnis

streck die hände aus
und spüre die zarten sterne
schmelzend auf deiner haut
es sind die tränen
märchenhafter wesen

lautlos steht der wald
kühl gehüllt
in strahlendes weiß
das selbst ein flüstern erstickt
und die dunkelheit deiner seele
durchbricht

spüre den hauch ewiger stille

frieden

des nachts ein traum mich sanft umhüllte

schritt ich durch saftiges grünes gras
das zärtlich meine füße küsste
und zu flüstern schien

geh weiter lieber freund
was auch kommen mag

so schritt ich fort
recht zögernd noch
den blick gerichtet auf das
was mich erwarten wird
und doch so blind

indes der laue wind
mir durch die haare strich
und seidenen tüchern gleich
die taube hülle meines körpers
sanft umspielte
und mir war
als sang er leise für mich

geh weiter lieber freund
was auch kommen mag

und in meine müden glieder
kehrte sanft die kraft zurück
die einst ich
um der liebe willen verlor

nun sah ich in den himmel auf
und ward gefangen
von der sonne heitrem licht
das lachend sich den weg
zur dunklen seele bahnte
und diese frechen fünkchen riefen

geh weiter lieber freund
was auch kommen mag

darauf die lippen mir
den grimmigen dienst versagten
und sanft ein mildes lächeln formten

da hielt ich inne
und blickte zurück
auf den weg
den ich gegangen war
verschwommen nahm ich wesen wahr
die bald heiter bald still
mir winkten und liebevoll mir sagten

geh weiter lieber freund
was auch kommen mag

ich sah sie eine weile an
dann schloss ich die lider
und dankte dem gras
unter meinen füßen
dem wind auf meiner haut
und der sonne

die von innen mich wärmte
und meine stimme erhob sich

ich gehe weiter freunde
was auch kommen mag